FÊTE

De

L'INAUGURATION

De la Statue

Du Général

CHARETTE.

A Nantes,

Imprimerie de Mellinet-Malassis.

1826.

Inauguration

De la Statue

Du Général Charette.

Molknecht fec. Samuel Cholet del. et Sculp.

FÊTE
DE L'INAUGURATION
de la
STATUE
DU GÉNÉRAL
CHARETTE.

4 septembre 1826.

A Nantes,
De l'Imprimerie de Mellinet-Malassis.

M DCCC XXVI.

INAUGURATION

DE LA

STATUE DE CHARETTE,

A LEGÉ.

4 SEPTEMBRE 1826.

Si le Roi savait comme nous l'aimons! s'il voyait une de nos fêtes vendéennes, la couronne peserait moins sur son front.

Voilà ce que nous disions, en rendant compte, il y a un an, de l'inauguration du monument élevé aux Vendéens morts à la bataille de Savenay.

Aujourd'hui, en cherchant à décrire une autre inauguration, celle de la statue de Charette, nous pouvons dire : le *Roi le saura*, le *Roi saura* que la Vendée est encore ce qu'elle fut; il l'apprendra d'une bouche qui ne lui a jamais fait entendre que la vérité.

Le duc de Rivière, qui a vu, il y a trente-et-un ans, les Vendéens combattant au milieu des débris fumants et ensanglantés de leurs chaumières, au milieu des cadavres de leurs prêtres et de leurs familles ; le duc de Rivière qui, alors, partagea leurs nobles périls, vient de les revoir en paix sous ces mêmes drapeaux qu'il avait salués en débarquant sur la terre de la fidélité! Il a reconnu les anciens soldats de Charette, et a été reconnu par eux. De retour près du Roi, son maître, il dira :

« Sire, ces Vendéens que j'avais vus sacrifiant tout » à votre royale cause, ces Vendéens que j'avais vus » sans abri, sans pain et presque sans armes, dé- » nués de tout, hors de gloire et d'honneur, aujour- » d'hui sont heureux sous votre sceptre paternel : ils » vous invoquaient dans les hasards de la guerre, » dans leurs revers, dans leurs infortunes ; ils vous » bénissent maintenant, dans la paix que vous leur » avez donnée. En voyant récompenser la fidélité de » leur vaillant chef, ils ont été fiers ; ils se sont dit » entre eux: Le dévouement n'est donc point une fo- » lie, comme certaines gens voulaient nous l'ensei- » gner. Oui, notre sang a été bien employé, puis- » qu'on nous récompense tous, en élevant ainsi une » statue à notre général ; nous amènerons nos fils » au pied de ce monument, et là, nous leur redirons » les bienfaits et les honneurs qui ont signalé son » inauguration parmi nous. »

Cette inauguration a été digne du héros de la fête et des hauts personnages qui y assistaient. Dès le 3, au soir, une salve et le son des cloches avaient annoncé la solennité du lendemain. Les routes qui conduisent à Legé étaient animées par des voitures, des chariots, des personnes à pied et à cheval. Les petites chaumières sur les bords du chemin, les clochers des églises étaient pavoisés, la fête de Charette était celle du drapeau blanc ; aussi, on le voyait partout.

Le dimanche, vers les trois heures de l'après-midi, M. le duc de Rivière arriva à Legé. Le maire et ses adjoints se portèrent au-devant du loyal gouverneur du duc de Bordeaux. Parmi ceux qui couraient au devant de lui, il y en avait plusieurs qui se ressouvenaient du *Marquis de Rivière. S'il nous reconnaît*, disaient-ils entre eux, *il nous embrassera, car il n'est pas fier.* Et, en effet, nous l'avons vu se jeter dans les bras de plusieurs de ces braves gens, se souvenir de leurs noms et des services qu'ils lui avaient rendus ; nous l'avons entendu leur dire : « Mes pauvres amis, les batailles vous ont donc épargnés : vous avez bien dû souffrir; mais, Dieu soit loué, nous nous revoyons encore, et c'est le Roi qui m'envoie vers vous, pour vous assurer qu'il vous porte tous dans son cœur. »

De petites filles vinrent lui offrir une couronne, et lui réciter un discours : il les embrassa toutes. Le baron de Charette, pair de France, était auprès du duc de Rivière : il fut reconnu, et les cris de *vive Charette ! vive le neveu de notre général !* se confondirent avec ceux de *vive le Roi ! vive le duc de Bordeaux ! vive son gouverneur!*

Ayant appris que Monseigneur l'Evêque de Luçon était arrivé à Legé, le noble et pieux duc alla le voir. Ce prélat, dont le nom rappelle une si belle fidélité vendéenne, lui présenta un petit orphelin vendéen, en demandant que les bontés du Roi s'étendissent sur cet enfant dont la jeune sœur est aveugle, et qui n'a pour l'élever que la charité de quelques bonnes âmes qui, jusqu'à ce jour, lui ont enseigné à aimer Dieu et le Roi. M. le duc de Rivière se rappela le nom du père de ces orphelins qu'il avait vu à Belleville, comme celui d'un des plus fidèles soldats de Charette, et promit tout son intérêt à ses enfants.

Pendant cette visite chez Monseigneur l'Evêque de Luçon, plusieurs fidèles serviteurs du Roi furent présentés à celui qui venait honorer la fidélité.

Le Curé de Legé, ancien soldat des armées catholiques et royales, blessé d'une balle dans la cuisse, obtint de ce bon appréciateur de courage et de dévouement, un accueil qui est déjà une récompense, une compensation de ce qu'on a souffert.

Quand M. Dominique Molchneht, statuaire, lui fut nommé, le Duc, se rappelant que M. Molchneht était fils d'un ancien et brave partisan du Tyrol, dont la tête avait été mise à prix par Napoléon, lui dit : « Je suis bien aise, Monsieur, que la com-
» mission du monument de Charette, ait choisi le
» fils *d'un Vendéen* du Tyrol, pour faire la statue d'un
» héros de la Vendée : votre cœur vous aura inspiré. »

Avant de remonter en voiture pour aller coucher au château de la Grange, où le marquis et la marquise de Goulaine exerçaient noblement l'hospitalité comme au bon vieux temps, et avaient déjà réuni plus de cinquante personnes, M. le Duc de Rivière, devant la foule qui l'entourait, mit un genou en terre, voulut baiser l'anneau épiscopal de l'Evêque qui l'avait reconduit à sa voiture, et reçut pieusement sa bénédiction. En traversant le champ de bataille de Roche-Servière, il demanda à voir l'endroit où Suzannet, successeur de Charette, était tombé...... Justice et honneur lui seront aussi rendus.

Le lundi matin, dès le point du jour, d'autres salves d'artillerie, d'autres sonneries se firent entendre, et à ces bruits joyeux se mêlaient les tambours et les fifres des différents détachements envoyés par les quatorze divisions de l'ancienne armée de Charette. A mesure qu'ils arrivaient, ils allaient se placer en bataille sur la grande route de Nantes. Les officiers qui les avaient souvent menés au feu étaient à leur tête, et les drapeaux qui les avaient ralliés dans les batailles, flottaient au milieu d'eux. Aussitôt qu'ils avaient fait halte à l'endroit désigné pour chaque division, des rafraîchissements et des vivres leur étaient distribués.

M. le colonel comte de Mornac, ancien aide-major-général de l'armée de Charette, commandait la ligne.

M. le colonel vicomte Siochan de Kersabiec faisait les fonctions de chef d'état-major.

Messieurs les chefs de division Caillaud, marquis de Goulaine, Fougaret, le Maignan de l'Écorce, de la Vincendière, de la Bastière, Félix Dubois, comte de Bruc de Livernière, comte Louis de Cornulier, Désabayes, Fortin, vicomte Alexandre de Chabot, la Robrie, étaient à la tête de leurs divisions.

Ces honorables débris des anciennes armées catholiques et royales, ces vieux vétérans de l'honneur, furent passés en revue par MM. le duc de Rivière, Lieutenant-Général, Chevalier des ordres du Roi, Pair de France, Gouverneur de S. A. R. M.gr le Duc de Bordeaux ; le comte Despinoy, Lieutenant-Général, commandant la 12.e Division militaire, Grand'-Croix des ordres de St-Louis et de la Légion-d'Honneur ; accompagnés de MM. le comte de Bourmont, Lieutenant-Général, Pair de France ; le *Nestor* des Vendéens, l'ancien ami de Charette, le comte de Sapinaud, Lieutenant-Général, Député de la Vendée ; le comte de la Rochejacquelein, Lieutenant-Général ; Saint-Hubert, maréchal-de-camp ; le marquis de Civrac, Maréchal-de-Camp ; le comte de Mesnard, Pair de France, premier Ecuyer de S. A. R. MADAME, *Duchesse de Berry* ; le marquis de la Rochejacquelein, Pair de France ; le baron de Charette, Pair de France, neveu du Général ; le vicomte de Villeneuve-Bargemont, Préfet de la Loire-Inférieure ; le vicomte de Curzay, Préfet de la Vendée ; M. Martin du Puisaye, Préfet de Maine-et-Loire ; le comte de Vandœuvre, Préfet d'Ille-et-Vilaine ; le marquis de Roussy, Préfet des Deux-Sèvres ; M. de Fourcroy de Guillerville,

Commissaire-Général de la marine du port de Nantes; le baron de Cachard, Colonel d'artillerie, commandant le château de Nantes; M. L. Levesque, Maire de Nantes, Député, et ses deux premiers adjoints MM. Bernard des Essards et Doucet; le comte Auguste de Juigné et le comte Humbert de Sesmaisons, Députés de la Loire-Inférieure; le vicomte de Lezardière, Député de la Vendée; M. de Boësnier, Secrétaire-Général de la Préfecture de la Loire-Inférieure; M. Blin, représentant le Conseil de la même Préfecture; MM. les Conseillers de Préfecture du Département de la Vendée; MM. les Présidents des Tribunaux de 1.re instance de Nantes et de Bourbon-Vendée; M. Bernède, Procureur du Roi à Nantes; le baron de la Haye, ancien Capitaine Vendéen, aujourd'hui Chef d'escadron de la gendarmerie royale à Niort; le Colonel de Gendarmerie, marquis de Saint-Sauveur; M. le chevalier Pelècier, Chef d'escadron de la Gendarmerie royale à Nantes; M. Laroche, Lieutenant de Gendarmerie à Nantes; M. le baron de Beaumont, Sous-Préfet de Savenay; M. le comte de Boispéan, Sous-Préfet de Châteaubriant; M. le comte de Quebriac, Sous-Préfet d'Ancenis; M. Drappier, Sous-Préfet de Paimbœuf; M. Auvinet, Sous-Préfet des Sables, ancien Secrétaire du général Charette; M. Lelieurre de Laubépin, Sous-Intendant-Militaire à Nantes; M. Magnier de Maisonneuve, Directeur des Douanes, à Nantes; M. Mosneron, Directeur des Impositions indirectes à Nantes; M. de la Bachellerie, Commissaire du Roi, près la Monnaie de Nantes, et une foule de Fonctionnaires et d'Officiers royalistes de différents corps qui, ayant servi le Roi toute leur vie, venaient honorer la mémoire du héros qu'ils admirent.

Les soldats laboureurs de la Vendée, placés sur une triple ligne avec leurs habits de paysans, leurs petits plumets blancs, leur croix du lis et leurs vieilles armes, formaient un contraste frappant avec les uniformes brillants d'or et d'argent, des Lieutenants-Généraux, des Pairs de France, des Maréchaux-de-Camp, des Préfets et des fonctionnaires publics qui entouraient et suivaient S. E. le Gouverneur de S. A. R. M.gr le DUC DE BORDEAUX.

Il était beau et touchant de voir ceux qui sont placés si haut dans la société, venir rendre hommage à la fidélité pauvre. C'était avec respect que l'élite du monde passait devant ces simples paysans. On s'arrêtait souvent pour écouter leurs naïfs propos, pour regarder avec attendrissement leurs profondes et honorables cicatrices. C'était toujours pour Dieu et pour le Roi, qu'ils les avaient reçues. La conscience du Vendéen lui donne une assurance modeste, une respectueuse familiarité : il n'hésite point à serrer la main du supérieur qui lui parle.... Ces mains, durcies par les plus rudes travaux, sont pures, et nous avons vu celui à qui est confié l'espoir de la France, les presser avec affection.

Après la revue, qui a duré plus d'une heure, le cortége, tambours et musique militaire en tête, s'est rendu, entre deux haies de soldats, à l'Eglise, pour y chercher Nosseigneurs les Évêques de Nantes et de

Luçon. De là, précédée de la croix et de la riche bannière de Legé, la procession a traversé la ville. Quatre-vingts prêtres en surplis, marchaient en chantant l'*Exaudiat* (1). Les deux Evêques, la mitre d'or en tête et la crosse à la main, étaient suivis des grands de ce monde, tous chargés de décorations éclatantes, de riches uniformes et de magnifiques broderies.

Cet imposant spectacle plaisait aux Vendéens : ils mettent Dieu avant tout, et voyaient avec plaisir les honneurs rendus aux princes de l'Eglise. En attendant ses murs et sa voûte de granit, la chapelle qui doit faire partie du monument de Charette était *provisoirement* (2) figurée en tentures blanches, avec des ogives à jour, dessinées par des guirlandes de verdure.

A la vue des lévites et des pontifes du Seigneur entrant sous cette tente, nous nous rappelions cette fête des tabernacles, alors que le Dieu d'Israël était adoré par les guerriers des tribus sous des berceaux de fleurs et de feuillage, et celui dont on venait honorer la mémoire n'était-il pas un autre Machabée? N'était-il pas tombé vaillamment pour défendre les autels de son Dieu et les foyers de ses pères?

---

(1) On distinguait parmi eux M. l'abbé Remaud, curé de Maché, chevalier de Saint-Louis, ancien Commissaire-Général de l'armée de Charette.

(2) Toute la partie du décor de la fête a été dirigée avec un goût parfait : elle avait été confiée aux soins de M. Chagneau, architecte, qui y a fait preuve de beaucoup de talent.

Pendant la Messe, célébrée par Monseigneur l'Évêque de Nantes, une musique religieuse et militaire se faisait entendre. Au moment solennel de l'Élévation elle a fait silence, et les tambours de toutes les divisions ont battu aux champs. Alors plus de quatre mille soldats chrétiens en armes et plus de dix mille spectateurs se sont agenouillés. Les grands et les petits ont courbé leurs fronts, et les drapeaux, les étendards déchirés, percés de balles, noircis par la poudre des batailles, se sont inclinés devant le Dieu des armées, devant le Dieu des Vendéens.

Bientôt après, toutes les voix, comme une seule voix sont montées vers le ciel : on priait pour le Roi. Partout le chant du *Domine, salvum fac Regem* est beau à entendre ; mais, dans la Vendée, il me semble plus beau encore : c'est là comme le chant du pays. Dans plusieurs églises nous l'avons entendu répéter jusqu'à sept fois de suite. La Messe étant terminée, Monseigneur l'Evêque de Luçon est monté sur les degrés de l'autel, et a donné la bénédiction pontificale. La foule s'est prosternée de nouveau, et plus d'un vieux soldat des armées catholiques a pu se souvenir que, dans les jours de péril et d'épreuve, les Prêtres donnaient la bénédiction avant que les généraux donnassent le signal du combat ; car ce peuple primitif appelle Dieu dans ses dangers comme dans ses joies, dans ses batailles comme dans ses fêtes.

Après la Bénédiction, Monseigneur l'Evêque de Nantes a prononcé le discours suivant ; ses paroles ont été puissantes et ont remué tous les cœurs.

Discours de Monseigneur l'Evêque de Nantes.

Messieurs,

« Il était dans mon cœur et dans mes désirs qu'un » Pontife (1) si justement cher à cette contrée fidèle, » fît entendre une voix plus éloquente que la mienne » dans cette cérémonie, embellie par la religion : de » précieux souvenirs de famille l'eussent encore rendue » plus touchante (2). Vous partagerez donc mes » regrets, que la difficulté de parler dans cette en- » ceinte, ne lui ait pas permis de nous accorder une » faveur dont nous étions si jaloux.

» Toutefois, ce ne sera pas pour célébrer la va- » leur guerrière que je prendrai la parole au milieu » de vous, Messieurs. Le Héros proposé à la re- » connaissance publique, trouvera de plus dignes in- » terprètes des sentiments que chacun de nous » éprouve. Sa mémoire, si chère à cette contrée, » cette terre témoin de ses exploits, la présence de » l'héritier de son nom et de son dévoûment, la réu- » nion de ses dignes compagnons d'armes, qui ont » avec lui tant de traits de ressemblance, inspireront » mieux des guerriers qui sont ici dans une fête » de famille, des magistrats qui, au besoin, donne- » raient les mêmes exemples de fidélité, et cet an- » cien ami de notre auguste Monarque, qui nous re-

---

(1) Monseigneur l'Evêque de Luçon, présent à la cérémonie.

(2) Monseigneur l'Evêque de Luçon a eu deux frères qui se sont distingués dans la guerre de la Vendée.

» présente si bien sa bonté et ses vertus, et dont la » présence est une preuve signalée de l'intérêt qu'il » porte à nos contrées fidèles.

» Mais, Messieurs, il appartient à mon ministère » de considérer cette cérémonie sous un autre rap- » port. Que sont les honneurs fugitifs de la terre? » En vain élevons-nous des monuments : fragiles » eux-mêmes, comme la vie du héros qu'ils nous » représentent, ce sont, nous disent les livres saints, » de faibles consolations pour ceux qui les érigent, » et qui ne sont rien pour ceux à qui on les consacre, » si la Religion n'est là pour leur donner la vie : » elle seule peut payer dignement les sacrifices » qu'on lui a faits, elle seule peut acquitter notre » reconnaissance, en leur procurant une gloire et » un bonheur immortels.

» Qu'il me soit permis, Messieurs, de vous rendre » grâce, de la pieuse pensée que vous avez eue, » en érigeant ce monument, d'en faire un lieu de » prières, et d'appeler ainsi sur le Héros chrétien » que nous chérissons, les suffrages de la religion et » les vœux des fidèles.

» Pouvons-nous, hélas! nous dissimuler la fai- » blesse de notre nature? et si un généreux et per- » sévérant sacrifice, tel que celui que nous admirons, » est un fondement légitime de nos espérances, » sommes-nous assurés que toutes les fautes, toutes » les imperfections ont été expiées? Comment ne » pas craindre celui qui juge les justices mêmes, » après une vie agitée et passée dans la licence des camps?

» Ici, Messieurs, je vois la représentation de ce » monument de votre piété : il sera dans le lieu même » où je viens d'offrir les Saints Mystères, et c'est par ce « motif, que j'ai cru pouvoir, en faveur d'une cérémo- » nie auguste, en devancer la consécration solennelle.

» Qu'il s'achève donc, ce monument de re- » connaissance, digne de la cause sainte qui l'a » inspiré, et, toujours guidé par sa foi, l'on verra le » guerrier, prosterné aux pieds de ces autels, recon- » naître humblement son impuissance, célébrer la » force de celui qui détruit et relève es trônes, et le » bénir aujourd'hui dans ses miséricordes, comme il » l'adora dans ses rigueurs; et l'on verra une popu- » lation entière, si riche de tant de généreux défen- » seurs de la Religion, implorer, dans les lieux mêmes » où ils furent immolés, les miséricordes divines pour » celui qu'elle vénérait comme un libérateur et ché- » rissait comme un père.

» A la voix de la Religion, et par sa douce in- » fluence, puissent les esprits se calmer, les partis » se réunir, les cœurs se confondre dans l'amour de » leur Souverain, dans la fidélité à leur Dieu, et que » nos neveux, témoins des prodiges qu'opère cette » religion sainte, de ses bénédictions et de ses bien- » faits, se sentent attirés par un charme secret à » suivre de si beaux modèles. »

Après ce discours, si digne d'un orateur sacré, on est sorti de la Chapelle. Le brillant état-major est allé se placer en groupe au bas de la dernière marche du perron semi-circulaire, par lequel on descend du terre-plein qui entoure l'oratoire, sur la place de Legé.

Ce perron, placé directement au-dessous de la statue de Charette, servait de tribune. De là, l'orateur était vu et dominait la foule. Le premier qui y parut fut le vénérable vice-président de la commission du monument, M. Le Bouvier-Desmortiers, ancien magistrat, et auteur de la *Vie de Charette.*

Ce vieillard n'a point attendu pour louer le défenseur des Bourbons, que les Bourbons fussent revenus sur leur trône. Il a rendu justice au courage, aux talents militaires, au dévouement de Charette, quand il y avait danger, et par conséquent gloire à le faire. Aussi, dès qu'on eut l'idée d'élever un monument au héros Vendéen, M. Le Bouvier-Desmortiers fut choisi pour présider la commission qui s'organisait, afin de travailler à l'acquittement d'une grande dette, envers le malheur et la fidélité. Plus tard, M. Le Bouvier-Desmortiers offrit cette présidence au Duc de Fitz-James, qui était venu présider les élections du département de la Vendée. Le noble Duc l'accepta, et, dans la mémorable circonstance de l'inauguration, son cœur tout vendéen lui aura fait regretter vivement d'être retenu loin du pays qu'il aime et qu'il admire.

Au comble de la joie, fier et heureux de la gloire de son héros, M. Le Bouvier-Desmortiers, malgré ses quatre-vingt-huit ans et la fatigue de la route, vint se placer au-dessous de la statue qui était encore cachée dans un drapeau blanc. Entouré de plusieurs membres de la commission, il remit à M. le duc de Rivière le cordon qui devait faire tomber le voile qui cachait Charette.

Un grand silence, celui de l'attente et de l'émotion, régnait parmi les dix mille personnes rassemblées autour du monument. Tous les yeux étaient fixés sur la statue voilée... Enfin, ce voile tombe, et mille et mille voix s'élèvent, et les cris de *vive le Roi ! vive Charette ! honneur ! honneur à Charette !* retentissent long-temps.

A ces cris viennent se mêler les sons d'une musique guerrière, et le bruit des salves, et celui des tambours. Les vieux Vendéens reconnaissent leur chef : ils élèvent et leurs mains et leurs armes vers lui ; les étendards, les drapeaux le saluent ; les femmes, les enfants, les soldats, les prêtres, les grands de ce monde, et les pauvres paysans répètent *honneur ! honneur à Charette !*

Ce délire de joie, cette ivresse d'enthousiasme ne cessent que lorsque M. Le Bouvier-Desmortiers, s'avançant sur le perron, fait signe qu'il va parler.

Le silence se rétablit, et M. le vice-président commence son discours d'une voix ferme et assurée ; mais le bonheur qu'il ressent de voir rendre enfin à Charette les honneurs que réclamaient depuis long-temps son dévouement et ses malheurs, est trop grand, sa voix se trouble, des larmes de joie l'empêchent de voir : il est forcé de remettre son discours à M. Roger de la Mouchetière, qui lit ce qui suit :

Discours de M. Le Bouvier-Desmortiers, *Vice-Président de la Commission du monument.*

Messieurs,

« Enfin le jour de la justice est arrivé. La France, rendue à elle-même, triomphe du cahos révolutionnaire qui semblait devoir l'engloutir. L'esprit de parti, qui, depuis 30 ans, versait la calomnie sur la tombe du général Charette, est réduit au silence ; la calomnie, cet insecte rongeur des réputations, de l'honneur et des vertus, rentre dans le néant dont il n'aurait pas dû sortir. Puisse un voile impénétrable d'oubli dérober aux générations futures, la trace des malheurs et des crimes qui ont si long-temps dénaturé le caractère français !

» O Vendée ! terre sacrée de la fidélité ! et toi, Charette, que la France reconnaissante fait graver aujourd'hui avec le burin de l'immortalité ! je vous salue ! Le même hommage doit réunir deux noms désormais inséparables.

Et vous, dignes héritiers de l'ancienne chevalerie française, brillants météores qui n'avez lui qu'un instant sur cette terre régénérée ! Vous tous, enfin, qui avez conquis dans les champs de l'honneur la couronne du martyre, prêtez-nous l'éclat de tant de victoires pour célébrer dignement cette fête nationale, qui est aussi la vôtre ; car la gloire des grands hommes fait celle des grandes nations. Si Charette a mérité les honneurs qu'on rend aujourd'hui à sa mémoire, c'est qu'il a deviné ses modèles; il a jugé par ce qu'ils avaient fait ce qu'ils auraient pu faire encore, si la mort ne les eût frappés au milieu de leurs triomphes. Charette a marché sur leurs traces; il a voulu les atteindre, et il y est parvenu. Que pouvait-il faire de plus?

» On admire les héros du champ de Mars. On estime et on aime les héros des vertus privées. Les uns s'illustrent par de grands actes de courage; les autres embrassent tous les rapports qui unissent les hommes entr'eux, les arts de la paix, le bonheur et la durée des empires. N'attendez pas de moi, Messieurs, que je vous entretienne ici des travaux guerriers de Charette : vous les avez vus sur le champ de bataille; c'est assez, vous ne les oublierez pas. Mais permettez-moi d'appeler un moment votre attention sur le caractère particulier de cet homme extraordinaire dont l'antiquité, si riche en héros, n'a point vu d'égal. Ce qu'on n'a vu que dans la Vendée et qu'on ne verra plus, c'est un général d'armée dans un dénuement presque total de ce qu'il faut pour faire la guerre, sans argent, sans places fortes, sans artillerie, sans munitions, sans soldats que des paysans armés de bâtons, qui marchaient à l'ennemi avec un morceau de pain noir dans leurs poches, et buvaient, au besoin, l'eau bourbeuse des fossés. Non, Messieurs, l'antiquité n'a rien vu de semblable; elle n'a point vu d'homme qui ait trouvé dans son génie les ressources qui lui manquaient, ressources créées par le besoin même du moment ; un homme enfin, qui, par sa prudence et son incroyable activité, a soutenu pendant plus de trois ans une guerre de *géants*, une guerre d'extermination.

« Charette avait un cœur droit ; son but unique » était le trône des Bourbons. On ne peut lui re- » fuser une constance que jamais les revers ne purent » altérer. Plus son armée se trouva dans la détresse, » moins il s'en sépara. Tous ses officiers se retirent, » se reposent ; lui seul jamais. Révéré comme un » père, on chérissait son existence ; tout aurait été » perdu sans lui. Il devait paraître d'autant plus pré- » cieux, que personne n'aurait pu le remplacer (1). »

» Lorsqu'on lui proposa de passer en Angleterre, le général Gratien lui écrivit que si, dans 48 heures, il n'acceptait pas ses propositions, il le poursuivrait à outrance et ceux qui lui donneraient asile ; qu'il ferait enlever hommes, femmes, enfants, bestiaux, subsistances, et généralement tout ce qui pouvait leur appartenir. Charette répondit au général Gratien : *Je saurai périr les armes à la main, mais fuir, abandonner les braves que je commande ! Non, jamais. Loin de craindre vos menaces, j'irai vous attaquer dans votre camp.* On pourrait lui appliquer ce que le roi Pyrrhus disait en parlant d'un vertueux sénateur Romain qu'il n'avait pu corrompre par ses largesses :

---

(1) Tel est le portrait qu'en trace dans ses mémoires, un de ses officiers. »

Admirable Fabricius, il serait aussi facile de détourner le soleil de sa course, que toi du sentier de l'honneur.

» Terminons, Messieurs, ces hommages par le plus digne, d'honorer les mânes d'un illustre guerrier, l'éloge funèbre, aussi court que sublime, prononcé par le Roi Louis XVIII à la tête de son armée : « Nous venons, Messieurs, de rendre les derniers » devoirs à celui que vous avez admiré, *peut-être* » *même envié* jusque sur le champ de bataille de » Bersthcim, à celui qui tant de fois a fait entendre » ce cri qui m'a causé dans vos rangs une satisfaction » si vive, mais que j'aimerais beaucoup mieux répéter » encore avec vous. » Exemple unique d'illustration perpétuelle, que le Monarque a laissée pour héritage à la famille de Charette, dont l'éclat la couvrira dans tous les siècles.

» Si la trahison n'a pas permis à Charette d'achever son ouvrage, le ciel, à défaut de son bras, a réuni ceux de tous les potentats de l'Europe ;

Tantæ molis erat Francorum reddere regem.

et pour le bonheur de la France les Bourbons nous sont rendus.

« Vive le Roi ! »

Après le discours de M. le Vice-Président de la commission, MM. les Lieutenants-Généraux comte Despinoy et de Sapinaud, les Préfets de la Vendée et de la Loire-Inférieure, M. le baron de Charette, et enfin M. le Duc de Rivière, prennent successivement la parole dans les termes suivants :

Discours de M. le Lieutenant-Général comte DESPINOY, *commandant la 12.e division militaire.*

« Braves Vendéens, l'œuvre de la reconnaissance publique est accomplie, il apparaît aux yeux de la France monarchique, le monument érigé à la fidélité et au dévouement, dans l'un de ses héros, et nous pouvons enfin saluer de nos acclamations le jour rémunérateur qui luit sur vos contrées, ce jour consacré par les pieuses offrandes et les communes bénédictions de deux vénérables Pasteurs.

» Hommage, éternel hommage à la Providence, qui, en replaçant sur le trône de leurs ancêtres les fils de Saint-Louis, a voulu rétablir en même temps, dans leurs premiers honneurs et dans l'estime de la postérité, les compagnons de leur exil, les nobles soutiens de leur cause ; gloire au Monarque qui, non content de faire asseoir à ses côtés la justice et la munificence, les environne de tout l'éclat de ses lumières, les protége de tout l'ascendant de ses vertus, et se plaît à récompenser par elles tous les genres de mérite et de service ; honneur à son auguste famille, qui, dans sa fervente et intarissable bienfaisance, n'est occupée que du soin généreux de soulager l'infortune et de rendre à la religion ses temples et sa splendeur. Qu'il est touchant, cet accord unanime des plus douces comme des plus sublimes affections ! Qu'il est grand, qu'il est instructif, le spectacle qui frappe en ces lieux nos regards ! Pontifes, magistrats, guerriers, fonctionnaires de tous les ordres ; habitants de outes les classes ; et vous, respectables débris de trois générations qui s'éteignirent en combattant pour le trône et pour l'autel ; vous, nouveaux enfants de la chrétienne et belliqueuse Vendée, race de soldats laboureurs ; vous, surtout, sang des Charette, des Larochejacquelein, des Suzannet, des Bonchamp, dignes héritiers de leurs noms et de leur courage, approchez, et voyez. Le voilà votre ancien chef, votre illustre parent, votre intrépide compagnon d'armes, celui qui, par son audace et sa longanimité, força tant de fois la victoire à le suivre, qui vous enflamma dans les succès, qui vous soutint dans les revers, qui vous légua, à son moment suprême, l'exemple de sa constance et de sa résignation dans le malheur, le voilà triomphant et vengé ! Et par qui ce monument, vivante et durable image de ce qu'il eut de mortel, est-il inauguré ! Approchez et voyez : il est au milieu de vous, l'élu du Roi, le sage et le fidèle Mentor donné par le suffrage de son cœur à l'enfant du miracle ; long-temps associé à vos perils et à vos espérances, long-temps aussi abattu et proscrit avec vous ; il se relève, il triomphe aujourd'hui avec vous. Ah ! serrez-vous autour de lui ; venez, unissons nos voix, confondons nos élans, et permettez seulement à un vieux soldat qui s'énorgueillit, à son tour, d'avoir pu consacrer au service de ses maîtres légitimes les premiers temps de sa jeunesse et les dernières années de sa vie, d'être ici l'interprète de vos sentiments. Noble Duc, recevez nos sincères félicitations sur ce haut degré de confiance et d'honneur où vous appelle le choix de Sa Majesté ; recevez l'expression de nos vœux les plus ardents, pour la conservation et la prospérité de votre auguste Élève ; pour votre satisfaction et votre gloire personnelles. Confident du Monarque bien-aimé qui a daigné vous envoyer parmi nous, portez au Père de la patrie les tributs de notre amour et de notre respectueux dévouement, et, lorsque vous apprendrez à ce nouvel Henri, dont vous allez guider les pas et développer la raison, l'histoire déplorable, mais utile, de nos longues tourmentes et de nos fatales dissentions, montrez-lui les rivages de la Loire et les champs de la Vendée, dites-lui : « Prince, sur cette terre vierge encore habitent des » hommes connus par la mâle énergie de leur caractère, fiers de leur honorable pauvreté, jaloux » jusqu'à l'excès du trésor de leurs mœurs antiques ; » des hommes non moins attachés à la foi de leurs » pères qu'à votre dynastie.

» La France entière, arrachée au sceptre paternel » des Bourbons par la plus monstrueuse et la plus » violente des tyrannies, avait ployé sous le joug ; » dans leur indignation, ces hommes se levèrent,

» ils armèrent leurs bras de ces mêmes instruments
» qui leur servaient naguères à creuser leurs sillons
» et à tailler leurs arbres. Alors commença cette
» lutte terrible, cette lutte à jamais mémorable,
» du faible avec le puissant, de l'opprimé avec
» l'oppresseur ; et plus d'une fois le puissant et
» l'oppresseur tremblèrent pour l'ouvrage de leurs
» parricides mains et pour leur propre existence,
» eux qui avaient fondé leur empire sur la terreur ;
» quand ces généreux athlètes durent succomber ;
» quand, plutôt accablés que vaincus, il leur fallut
» consommer le sacrifice de leur vie, quelle fut la
» maxime dans laquelle ils lurent tous leur devoir
» et puisèrent leurs consolations ; quelles furent les
» dernières paroles qui sortirent de leurs bouches?
» Princes, écoutez-les, et qu'elles retentissent dans
» l'enceinte de vos palais, qu'elles demeurent gravées
» dans votre mémoire : *Dieu et leur Roi !*

» VIVE LE ROI! »

Discours de M. le Lieutenant-Général comte DE SAPINAUD.

« Braves Vendéens,

» C'est avec une vive émotion que je me retrouve au milieu de vous, en cette grande circonstance ; mon cœur, tout à vous, palpite encore de gloire au souvenir de vos valeureux exploits.

» Nous sommes aujourd'hui témoins d'un grand œuvre de justice ; la vérité triomphe, les traits de notre Héros, de ce magnanime guerrier qui vous conduisit tant de fois à la victoire, sont transmis à la postérité par le vœu de son armée, et sous les auspices de son Roi.

» Et vous, victimes honorables, qui trouvâtes la mort sous les ordres de ce noble Chef, vos noms comme le sien seront inscrits sur ce monument; comme lui, valeureux soldats, vous vivrez à jamais dans la mémoire des braves.

» Ce loyal Chevalier, ce noble Duc présent à cette solennité, apprendra à son Royal élève ce que fut la Vendée; nos neveux, en combattant sous *Dieu-Donné*, seront dignes de la bannière sans tache que portèrent et défendirent leurs aïeux.

» Immortel Charette! toi qui fus mon ami, ombre illustre! reçois en ce jour, les adieux de tes vieux compagnons : bientôt s'éteindront les voix qui pouvaient redire ta gloire; mais ce monument la transmettra aux races futures, et les cœurs généreux y trouveront toujours l'exemple d'un noble dévouement.

» VIVE LE ROI! »

Discours de M. le vicomte de CURZAY, *Préfet du département de la Vendée.*

« Messieurs,

» Lorsque naguère une tourmente révolutionnaire désola la France et menaça d'envahir l'Europe, une population fidèle entreprit de conserver la foi de nos pères et le dogme de la légitimité. Treize départements concoururent à cette généreuse résolution ; ils firent la consolation de la Religion persécutée, ils devinrent l'espoir de la Monarchie exilée, ils sauvèrent enfin l'honneur de la France, courbée sous le poids des factions.

» Braves Vendéens ! voilà votre histoire, et tandis que vous ne vous occupiez qu'à remplir les devoirs de chrétiens et de sujets fidèles, le ciel vous destinait à servir d'exemple aux nations et marquait vos efforts d'une gloire immortelle.

» Et pourtant, cette renommée, qui a déjà rempli le monde de votre nom, n'est fondée ni sur de vastes conquêtes, ni sur ces éclatantes victoires qui décident du sort des peuples. Des revers, des malheurs inouis, ont suffi pour prouver que ce n'est que dans la justice et la sainteté des causes que l'on peut rencontrer la véritable gloire, qu'il ne faut pas confondre avec la célébrité.

» Mais détournons nos regards de ces nobles infortunes, pour les reporter sur les jours prospères que la légitimité seule pouvait rendre à la France ; espérons qu'ils brilleront encore d'un nouvel éclat sous le régne de ce Prince si preux, autrefois notre espérance, aujourd'hui notre consolation. Rappelons-nous qu'il voulut partager la périlleuse fortune du Héros auquel ce moment est consacré. Ah ! pourquoi l'immortel Charette et tant d'illustres chefs si dignes de notre reconnaissance et de nos regrets, ne sont-ils pas témoins du triomphe des principes religieux et monarthiques, pour lesquels ils ont si vaillamment combattu! Pourquoi, ainsi que l'a dit une Princesse auguste en visitant le quartier-général de Belleville « faut-il que tant de dévouement et de gloire n'ait pas eu un meilleur sort.

» Toutefois il n'est pas à dédaigner le sort de ces braves, morts pour Dieu et le Roi ; car ils ont joint à leurs lauriers la palme des martyrs, et la mort fut pour eux un triomphe de plus.

» Et si jamais de nouveaux orages menaçaient d'opprimer nos croyances religieuses et d'attenter aux prérogatives du trône, nous pouvons attester ici, au pied de ce monument et en présence du digne représentant de notre bien-aimé Roi, que la Vendée tout entière donnerait encore au monde l'exemple du même courage et des mêmes vertus.

» Je m'arrête, Messieurs : après les éloquents discours que vous avez entendus, et cette imposante solennité religieuse, plus éloquente encore que les paroles, j'aurais désiré méditer et me taire, et si ma qualité de Préfet de la Vendée m'a fait une sorte de devoir de ne pas rester témoin muet d'une telle scène, je ne veux pas du moins vous détourner plus longtemps des vives impressions qu'ont produites dans vos âmes et la majesté des pompes religieuses et la fidélité des traits reproduits à votre mémoire.

» Toutefois, braves Vendéens, je compterai parmi mes jours heureux celui où il m'a été permis de payer à votre courage et à vos vertus ce nouveau tribut de mon admiration. »

Discours de M. le vicomte DE VILLENEUVE, *Préfet du département de la Loire-Inférieure.*

« Fidèles Vendéens,

» La véritable vertu est appelée à une récompense éternelle dans le ciel ; mais la justice divine veut aussi qu'elle soit tôt ou tard honorée sur la terre. Elle l'a voulu dans un de ces immuables décrets que nous devons adorer et bénir.

» C'est ainsi qu'après de longs malheurs nous avons vu la Royale Famille de France, éprouvée comme l'or le plus pur, reparaître sur un trône resplendissant de gloire, de grâce et de bonté.

» C'est ainsi qu'arrive enfin ce jour de solennelle expiation où une statue s'élève à la mémoire immortelle du Héros chrétien, auquel les hommes avaient jadis refusé un tombeau.

» La justice a été tardive, peut-être ; mais qu'il est touchant, qu'il est glorieux le spectacle qu'elle réservait à nos regards !

» L'image de Charette apparaît triomphante et consacrée par les prières de nos saints et vénérables Prélats. Autour d'elle sont réunis, dans un même sentiment d'admiration et d'attendrissement, d'illustres capitaines, des magistrats éminents, et ce peuple fort et vertueux que la Providence a placé dans les temps modernes, comme autrefois le Peuple de Dieu, pour conserver le flambeau sacré de la religion et de la fidélité. Tous les cœurs cherchent à consoler cette famille de héros et de martyrs qui peut aujourd'hui, auprès des admirables épouses des Suzannet et des Bonchamp, auprès de deux La Rochejacquelein, mêler les larmes d'un juste orgueil aux larmes d'une longue douleur. L'encens et les vœux ont monté vers l'Eternel; Dieu et le Roi sont dans toutes les bouches; c'est toujours la vieille Vendée; mais la Vendée qui reçoit le prix du plus sublime dévouement qu'aient jamais offert les annales du monde! Et tandis que la volonté suprême se manifeste si visiblement sur la terre, pour lui donner de hautes leçons, serait-il une illusion de notre cœur, le sentiment qui nous fait apercevoir au milieu de nous les ombres magnanimes de Charette et de ses nobles compagnons de gloire, tressaillant de notre joie, et se montrant sensibles à ces honneurs qui, dans un seul homme, récompensent le courage et la vertu de tous ceux qui l'ont imité?....

» Mais, pénétré d'émotion et d'une sorte de frayeur religieuse à cette pensée, à ce spectacle, puis-je chercher à rehausser, par d'impuissantes paroles, tant de vertus et tant de renommée? Le sage a dit de certaines âmes extraordinaires, que leurs actions seules les peuvent dignement louer. Toute louange, en effet, languit auprès de leurs grands noms.

» Nommer Charette, c'est proclamer les plus généreux efforts, les plus éclatants triomphes et une fin chrétienne digne de la plus courageuse vie..... L'histoire, d'ailleurs, a déjà fait entendre pour lui cette voix qui retentit dans les âges comme un écho de la justice éternelle ; et, si jamais elle pouvait être étouffée, une pieuse tradition la ferait revivre dans la mémoire des bons Vendéens. C'est à elle surtout qu'on peut en toute assurance confier le souvenir de tout ce qui fut bon, de tout ce qui fut vertueux.

» Oui, Messieurs, si, dans les siècles futurs, un voyageur, venu des rives étrangères, demandait : « Quel fut ce Charette qui mérita d'avoir sa statue » élevée au milieu de ce pays, dont on a dit que » *jamais métayer n'y trompa son maître* ? S'il de- » mandait : A-t-il, comme le bon Connétable, chassé » l'ennemi du sol français ? A-t-il conquis de vastes » provinces ? Quels titres, quelles richesses laissa-t- » il à ses neveux ? » Les bons habitants de ces lieux lui répondraient avec l'histoire : « Non, Cha- » rette n'a point conquis de royaume, et son épée » ne brilla pas dans les guerres lointaines. Hélas ! il » ne lui fut pas donné, comme à Duguesclin, de sau- » ver la France de l'invasion étrangère ! Mais, lors- » que cette belle France subissait le joug des plus » sanguinaires tyrans, lorsque la terreur glaçait » toutes les âmes, lorsque les plus illustres Ven- » déens avaient succombé, Charette seul combat- » tait encore pour son Dieu et pour son Roi ; seul, » il faisait trembler les farouches oppresseurs de sa » noble patrie ; et, lorsqu'enfin il fallut céder à » l'impitoyable mort, il sut mourir comme il avait » vécu, en héros intrépide, en chrétien résigné.....

» Voilà ses traits où une mâle audace s'allie à une
» expression vive et grâcieuse. Souvent, comme
» ici, son geste indiquait le ciel : c'était là surtout
» qu'il plaçait son espérance. -- Charette, diront-
» ils encore, ne laissa que son nom pour héritage
» à des neveux dignes de le porter avec gloire....
» Mais ce nom est désormais un des plus illustres
» de la monarchie : il est cher à nos Bourbons,
» et toujours il sera le noble emblême de la vail-
» lance et de la fidélité.

» Tel sera le langage de l'impartiale histoire, comme celui d'une naïve tradition ; car déjà a commencé pour Charette la justice de la postérité.

» Vous, Messieurs, qui, les premiers, l'avez invoquée, et auxquels nous devons un si beau jour, vous avez acquitté, au nom de la France, un grand et pieux devoir. Grâces vous en soient rendues. Un tel jour fait oublier bien des jours mauvais. J'en appelle à vous, bons Vendéens ; à vous, qui avez cru tout votre sang payé par un regard du magnanime Dauphin de France et par une parole de l'auguste Fille du Roi Martyr ; à vous, que rend heureux déjà l'espérance de voir parmi vous la courageuse Mère de notre Dieu-Donné ; à vous qui ne pourriez supporter peut-être l'excès de votre amour et de votre joie, si un jour, en ces lieux mêmes, votre Roi, le meilleur et le plus aimable des Rois, venait vous tendre sa main amie.....

» Le Roi ! à ce nom, fidèles Vendéens, je devine

le cri qui s'échappe de tous les cœurs. Ah! s'il était au milieu de nous! si du moins il nous voyait! Si le Roi le savait! dites-vous (et cette fois c'est pour le bénir). Mes amis, le Roi le saura : il saura la part que lui font vos cœurs dans cette solennité consacrée à Dieu et à la royauté. Nous avons parmi nous un témoin digne de la terre fidèle.

» Noble duc de Rivière, vous, le bon serviteur, le respectueux ami de notre Roi bien-aimé, le compagnon courageux et éprouvé du brave Charette; puisque j'ai en ce moment l'insigne honneur de servir d'interprète à cette population héroïque, je vous adresse, en son nom, la prière de redire ce que vous avez vu au Roi et à son auguste famille. Vous le direz aussi à ce tendre et noble rejeton des lis que l'amour d'un père et la sagesse d'un Roi ont remis en vos loyales mains. Oui, j'en jure par votre cœur, qui fut toujours sans peur comme sans reproche, notre Henri apprendra de vous, comme de ses augustes parents, à aimer les Vendéens, à admirer leur courage, à plaindre et à soulager leurs illustres infortunes, et à effacer pour toujours en ces lieux les dernières traces de nos discordes civiles. Avant que d'initier ce doux espoir de la France dans les glorieuses annales de sa belle patrie, vous êtes venu en relire ici une de ses plus admirables pages. Qui mieux que vous pouvait la faire goûter à ce royal enfant! Toujours vous fûtes l'ami des Vendéens. Comme eux et avec eux vous avez affronté la mort pour votre Dieu et pour votre Roi ; et sans doute Dieu avait dessein de sceller ce beau jour de quelque marque éclatante de sa profonde justice, lorsqu'il a voulu que le preux Chevalier, choisi dans des temps de malheurs pour porter, à travers mille périls, les ordres de l'auguste Charles-Philippe, et de royales récompenses à Charette, bientôt errant et proscrit, fut celui-là même qui va porter à Charles-le-Bien-Aimé le récit des honneurs suprêmes rendus aujourd'hui à Charette, dans cette terre où, dans la joie, comme dans le danger, on a toujours redit ce vieux cri de la fidélité :

» VIVE LE ROI ! »

Discours de M. le baron DE CHARETTE, *Pair de France.*

« Vendéens,

» Il y a trente ans, la voix de votre général se faisait entendre : elle était toujours un cri de gloire ! Aujourd'hui, elle reste muette sous cette tombe, sous ce monument que vos soins généreux élèvent à sa mémoire.

» Héritier de son nom, que ma faible voix s'élève parmi vous ! qu'elle proclame surtout vos vertus, votre constance dans le malheur ! qu'elle vous dise mon amour et ma reconnaissance !

» Et vous, noble Duc, qui partageâtes si souvent nos malheurs, dont le nom était toujours un cri d'espérance pour les contrées fidèles, retournez auprès du Royal enfant, enseignez-lui votre amour pour ce beau pays de l'honneur !.... Qu'il vienne, qu'il vienne un jour guidé par vous, cet Enfant du miracle, apprendre à connaître, à aimer notre Vendée.

» Vous aussi, preux Chevalier, noble Duc (1), président de cette commission, si mes yeux vous cherchent en vain dans cette enceinte, que ma voix du moins vous porte mes regrets et ceux de cette assemblée.

» Membres de cette commission, compagnons généreux du dernier Héros martyr, qui voyez aujourd'hui vos soins récompensés par les éloges du cœur, que le mien s'y trouve uni, que ma reconnaissance s'élève au-dessus des autres.... (Je dois plus que tous les autres).

» Veuve du successeur de Charette, il est un espoir dans mon cœur, c'est que cette noble Vendée donnera à son second chef les mêmes témoignages d'amour qu'elle donne aujourd'hui au premier.

» Vertueux Prélats, chefs d'une milice sacrée, qui entretîntes toujours le feu divin et l'amour du Roi dans ce pays.... Braves généraux, fidèles défenseurs de la monarchie !.... Et vous, administrateurs si éclairés, si dignes de donner vos soins à ce noble pays, je vous dois beaucoup, je vous dois d'avoir favorisé de tous vos soins l'érection de ce monu-

(1) Duc de Fitz-James.

ment. Il y a un an, vous payâtes, comme aujourd'hui, un tribut d'éloges au chef qui n'est plus. Je vous dois encore d'honorer dans ce moment, par votre présence, cette touchante cérémonie.

» Généreux vieillard, dont la plume donna à l'histoire, les bienfaits du chef de ces contrées! ami courageux, tu osas faire entendre ta voix dans un temps où la France tremblait sous un sceptre de fer! Aujourd'hui, jouis sans trouble de ce beau jour, laisse aller ton âme aux douces émotions; pleure, noble vieillard, la gloire de Charette semble t'appartenir, comme elle appartient à sa famille!

» Salut Rochejacquelin, noble défenseur des lis, famille de héros malheureux!

» Salut à toi, Sapinaud, Nestor de la fidélité vendéenne, guerrier à cheveux blancs, seul resté debout, après une lutte sanglante: Salut! il t'appartenait de rappeler au peuple soldat, le guerrier dont tu fus l'ami et l'émule de gloire.

» Touchant assemblage d'héroïsme et de vertus, veuves d'illustres victimes!..... Que la Vendée est heureuse de vous voir réunies sur la tombe de Charette. Heureux encore, mille fois heureux celui dont la voix s'élève en ce moment pour dire un si beau jour.

» Gloire à toi, Roi Chevalier, dont le noble courage t'entraînait vers les bords dangereux!... Tu voulais partager les travaux, les périls, et même les malheurs de ce peuple admirable armé pour ta défense, et celle de son Dieu! Gloire à toi qui soulageas ses misères, qui viens encore en ce jour repandre de nouveaux bienfaits sur lui.... Gloire, gloire à jamais à ton auguste famille.

» Vendéens, chefs ou soldats; amis, compagnons d'armes, ou rivaux de gloire de Charette (illustre assemblée!) de beaux jours éclairent la France; mais s'ils s'obscurcissaient, ces beaux jours, Vendéens, je jure de mourir parmi vous, mourir sur cette terre tant arrosée du sang des miens!........................ mais la France veut son Roi, elle le voudra toujours, toujours elle répétera avec nous:

» VIVE LE ROI! VIVENT LES BOURBONS! »

Discours de M. le duc DE RIVIÈRE.

» J'ai été bien heureux, Messieurs, d'avoir été proposé par vous au Roi, mon Maître, pour assister à cette belle, noble, royale et touchante cérémonie pour des cœurs loyaux et fidèles. L'immortel Charette était dans nos cœurs, le voilà veillant sur la Vendée: il ne nous quittera plus sur cette terre sainte et sacrée, où l'amour pour notre Roi et les Bourbons ne peut jamais s'éteindre ni diminuer.

» Choisi par la bonté de mon maître pour veiller sur les jeunes années de Monseigneur le duc de Bordeaux, je n'aurai à lui recommander que d'écouter attentivement Charles X, lorsqu'il parle des bons et braves Vendéens; son cœur lui dira le reste. Monseigneur saura cependant, par moi, quelques détails sur les hauts faits du général que nous pleurons tous, et sur la loyauté des Vendéens et de leurs chefs, bien secondés par leurs nobles compagnes qui ont donné tant de preuves de courage, de constance et de fidélité.

» Le Roi m'a dit de répéter ce qu'il m'avait dit il y a 31 ans, *qu'il vous portait tous dans son cœur*, qu'il s'occupait de vous et qu'il s'en occuperait toujours.

» Le Roi a nommé six Chevaliers de Saint-Louis, six Chevaliers de la Légion-d'Honneur, que je vais recevoir. Sa Majesté a donné douze pensions de trois cents francs aux anciens Chevaliers de Saint-Louis, et douze secours momentanés de douze cents francs sur la caisse des Chevaliers de Saint-Louis, aux Invalides.

» Sa Majesté m'a donné elle-même une somme qui sera distribuée dans toutes les divisions, à ceux qui ont reçu le plus de blessures et qui sont les moins heureux.

» Je suis extrêmement flatté de me trouver au milieu des Evêques, des Généraux, des Préfets, et de mes collègues et amis pour rendre au généra Charette ce qui lui était si bien dû, et, devant son excellent et loyal neveu, je vais prouver que je n'ai cessé de penser au général, en répétant la dernière lettre qu'il m'a écrite quelques jours avant sa mort. La lettre a été perdue, mais elle est restée gravée dans mon cœur..... »

Nous regrettons vivement de n'avoir pu retenir cette lettre touchante et sublime, où la force d'âme de Charette se montre dans toute son étendue. Nous espérons que la bonté de M. le duc de Rivière nous permettra prochainement de la donner tout entière à nos lecteurs ; et, en attendant, nous nous abstenons d'en citer aucun passage, de crainte d'en affaiblir la noble et énergique expression.

Nous nous sommes contentés de rapporter tous ces discours, sans chercher à redire l'émotion et les sentiments que chacun d'eux a fait naître ; eh, comment aurions-nous pu exprimer l'effet qu'ils ont produit? Comment peindre ce moment où le baron de Charette a paru au pied de la statue du Héros de sa famille? Comment dire ce que la foule a éprouvé quand on l'a vu saluer les deux Évêques assis près du monument, et s'incliner ensuite profondément devant l'image de son oncle? Sa mère qui l'a élevé pour Dieu et pour le Roi, sa mère qui a tant souffert, était à quelques pas de lui. Ah! que les cris des Vendéens ont dû être doux à son oreille. De toutes parts, on n'entendait que ces mots : *Vive Charette ! Vive le neveu de notre général !*. Un instant pareil fait oublier bien des larmes amères. Quand le baron de Charette prononça avec énergie ce passage de son discours : *Vendéens, chefs et soldats, amis, compagnons d'armes ou rivaux de gloire de Charette, illustre assemblée, de beaux jours brillent sur la France.... Mais s'ils s'obscurcissaient ces beaux jours.... Vendéens, je jure de mourir parmi vous, de mourir sur cette terre tant arrosée du sang des miens...*

Il fut interrompu par de nouvelles acclamations, Les vieux soldats de son oncle, levant les mains vers lui, et répétant son nom, semblaient l'adopter...... Ils savent ce qu'il vaut: ils l'ont vu en 1815; ils ont aussi connu son frère! Helas! celui-là n'a point vu la fête de la Vendée, la fête de sa famille; mais, par sa mort, il a ajouté à leur gloire... Paix et honneur à lui. Le duc de Rivière et le comte de Sapinaud reçurent dans leurs bras le baron de Charette comme il descendait du monument, et l'embrassèrent avec une vive émotion. Parmi les personnes qui s'empressaient autour de lui, nous reconnûmes sa mère; elle pleurait, mais cette fois-ci, c'était de joie.

La veuve de Bonchamps, celle de Suzannet, madame de Fleuriot, le général Auguste de la Rochejaquelein et son neveu Henri, placés au bas de la tribune, embrassèrent aussi l'orateur qui venait de rendre si noblement hommage aux noms vendéens, aux noms de beau souvenir. L'émotion générale avait été vive, lorsque le neveu de Charette avait paru au pied du monument; elle ne le fut pas moins, elle s'accrut encore, quand la foule y aperçut l'élu du Roi, l'ami de Charles X, le guide du jeune Henri. Entre le duc de Rivière et la Vendée il y a une vieille et noble alliance; aussi les vétérans vendéens voyaient avec joie celui qui, à travers mille périls, était venu leur apporter des encouragements et des récompenses dans leurs jours de danger, venir honorer la mémoire de leur Chef dans des jours de fête...... Quel silence régnait parmi cette multitude, quand le preux Chevalier parlait du *Roi son maître !* quel doux espoir dans tous ces cœurs fidèles, quand le Gouverneur du duc de Bordeaux disait, *choisi par la bonté de mon maître, pour veiller sur les jeunes années de Monseigneur le duc de Bordeaux, je n'aurai à lui recommander que d'écouter attentivement Charles X, lorsqu'il parle de ses bons Vendéens*.... Ainsi, ce sera le Roi qui règne sur nous, qui apprendra au Roi qui doit régner sur nos enfants, à aimer la Vendée, qui lui dira ce qu'elle a fait pour le royaume des Lis.

Mais une autre voix lui fera connaître encore la terre de la fidélité : une nouvelle récompense est promise aux Vendéens : Madame la duchesse de Berry doit venir visiter leurs champs..... Ce sera une *veuve de plus* dans cette contrée, où l'on en rencontre tant ! Quel intérêt cette auguste Princesse ne doit-elle pas prendre à ces victimes !.... Elles seraient encore épouses, si l'on n'avait pas voulu soutenir en France que *Dieu est un mot, que le Roi est une abstraction*. Dans la Vendée tout est positif : on sert son Dieu et son Roi, parce que la Religion et la fidélité n'y ont jamais été mises en problême ; ces braves Chrétiens recevaient la mort en invoquant Dieu ; ils tombaient en criant *vive le Roi* ; c'est la meilleure manière de prouver qu'on croit à l'un et à l'autre ; aujourd'hui, plus que jamais, ils doivent croire à Dieu, puisqu'il a replacé les Bourbons sur le trône ; ils doivent croire à la légitimité, puisqu'elle a triomphé de tout et reparaît avec plus d'éclat que jamais.

Avec quels transports de joie ils recevront cette auguste Princesse qui est aussi du sang des Bourbons, et qui fut choisie par la Providence pour perpétuer, au travers des poignards et des infernales machinations du crime, la dynastie de ceux qui nous gouvernent !

Avec quelle confiance les Vendéennes lui présenteront leurs fils qui doivent croître avec le sien ! Quelle consolation pour le présent, quelle sécurité pour l'avenir !

C'est par le discours de M. le vicomte de Villeneuve, Préfet de la Loire-Inférieure, qu'on a reçu l'annonce presque positive du voyage projeté par MADAME duchesse de Berry : le digne Gouverneur de son royal Fils, et M. le comte de Mesnard, son chevalier d'honneur, ont pu voir l'effet qu'a produit cet espoir : il sera réalisé, n'en doutons pas : on doit tout attendre quand le bonheur qu'on espère peut dépendre d'un Bourbon.

Après avoir rendu le plus éclatant hommage au guerrier qui a succombé, M. le duc de Rivière a récompensé ceux qui ont survécu. Six croix de Saint-Louis et six croix de la Légion-d'Honneur ont été placées sur des poitrines qui, dans des jours de combat, furent jadis décorées de l'image du Christ : c'est au pied de la statue de Charette que les nouveaux chevaliers ont prêté serment de fidélité au Roi : le lieu était bien choisi.

Plusieurs de ces braves ont combattu et reçu des blessures en présence de leur ancien Général ; c'est devant son image qu'ils reçoivent le prix de la valeur.

Avec la légitimité on peut attendre, la gloire ne se prescrit pas : plus de trente ans se sont écoulés depuis que ces chefs vendéens ont affronté le fer ennemi ; on ne pouvait placer à aussi longue échéance sous l'usurpation ; mais la légitimité est là, elle veille à la conservation de leurs droits : la croix de Saint-Louis leur est donnée au milieu des anciens champs de bataille de la Vendée, en *présence de Charette ;* et le serment de fidélité est reçu par le noble Duc qui sut aussi, lui, affronter, en restant fidèle, les balles et les échafauds.

Parmi les chevaliers reçus ; il en est qui ne combattirent pas dans les premières armées vendéennes: ils étaient alors trop jeunes pour suivre leurs pères ; mais ils ont appris à les imiter : comme eux, ils surent, en 1815, combattre l'usurpation et défendre le drapeau blanc.

Un autre Charette les dirigeait encore : il sut mourir comme son oncle ; mais, plus heureux que lui, il tomba sur la terre vendéenne. C'est à ses côtés que fut blessé le jeune du Martray : il accourut en poste de Paris, pour venir, avec son habit rouge (des chevau-légers du Roi), servir de point de mire aux soldats du général Travot. Il voulut payer par son sang le titre de Vendéen, et il savait que dans cette guerre un habit de la maison du Roi attirerait l'attention et les balles de l'ennemi : son bras fut traversé par un coup de fusil tiré de très-près : sa poitrine vient d'être décorée du signe de l'honneur.

Il serait trop long d'énumérer les faits qui ont mérité les décorations accordées dans cette circonstance, par le Roi, et remises par M. le duc de Rivière ; mais ceux des noms des nouveaux chevaliers que nous avons retenus, doivent être placés ici, en attendant que nous puissions faire connaître les autres : ce sont MM. Moricaud de la Haye (maire du Loroux), Mornay du Temple, de Maucler, qui ont reçu la croix de St-Louis, et MM. de Thouaré (François), du Martray (Hippolyte), Bedel (Jacques), le vicomte de Chabot et Burgaud, qui ont reçu la croix d'honneur.

« Je voudrais cicatriser toutes les plaies et secou-
» rir toutes les infortunes. »

Telles sont les paroles d'un bon Roi.

Bien des plaies saignent encore dans la Vendée, bien des infortunes y restent encore à secourir ; mais chaque année, chaque circonstance solennelle apportent dans cette contrée quelque soulagement. D'ailleurs, on l'a déjà dit, *les Vendéens savent attendre ;* plusieurs d'entr'eux ont reçu de la main du duc de Rivière des brevets de pension achetés par des blessures, des secours nécessités par de nobles misères, ces bienfaits accordés par le Roi sont toujours reçus avec reconnaissance; mais ils ne changent rien au dévouement; celui qui ne reçoit pas, crie *vive le Roi, quand même!*

C'est immédiatement après la distribution des décorations, des pensions et des secours, qu'on a signé l'acte qui constate l'inauguration de la statue et l'hommage rendu à Charette (1). Quel beau titre à joindre à ceux de sa famille! Quelle attestation d'héroïsme, que celle qui est ainsi donnée, après plus de trente ans!

Dans cette auguste cérémonie, la Religion se trouvait représentée par deux de ses prélats; la famille royale, par le noble Duc de Rivière, l'ami et l'envoyé du Roi; la France, par plusieurs de ses Pairs et de ses Députés; l'armée, par plusieurs de ses généraux; la Vendée par ses anciens chefs; les provinces de Bretagne, d'Anjou et du Poitou, par cinq Préfets; enfin, la Ville de Nantes, par son Maire et deux de ses Adjoints.

Quand on voit un tel concours, pour honorer, après trente ans, la mémoire du chef qui succomba dans une guerre civile, on sent que sa cause devait être la bonne, et l'on bénit le ciel qui la fit triompher. On se félicite de vivre sous un gouvernement qui sut ramener tous ses sujets sous la même loi et sous le même drapeau; on jouit de l'union qui règne entre tous les chefs du pouvoir, entre toutes les contrées de la France, entre tous les Français; et, si l'on veut chercher la cause des biens, dont jouit actuelle-

(1) On trouve le procès-verbal de l'inauguration de la statue du général à la suite de cette relation.

ment notre belle patrie, on la trouve dans ces mots placés sur le piédestal de la statue de Charette et sur les vieux drapeaux vendéens.... *Dieu et le Roi !*

Mais bientôt on voit ces nobles drapeaux s'agiter autour de la chapelle et du monument, les colonnes s'ébranlent, les panaches blancs flottent sur les chapeaux ronds, et l'on entend de toutes parts ces mots si français et qu'un illustre écrivain se félicitait d'avoir entendus dans les villages de la Palestine : *En avant, marche !*

A ces mots, les divisions de Charette se mettent en mouvement ; on entend les chefs presser leur marche, en leur criant, comme ils le faisaient jadis : *Allons, mes gars ;* mais cette fois *les bleus* peuvent être tranquilles ; on n'a rien à craindre dans la Vendée, quand on y est pour le Roi : il ne s'agit que de défiler devant le général Charette, pour aller prendre ensuite position sur *le champ de bataille.* -- Tel est le nom qu'on donne à la belle prairie située en amphithéâtre sur le revers du bourg de Legé, et dans laquelle on a préparé le repas qui doit terminer la fête.

« *Les gars,* disent les chefs, nous allons défiler » devant notre général Charette ! »

C'est alors que le soldat laboureur redevient tout-à-fait soldat ; c'est en vain que la charrue a courbé pendant de longues années tous ces vieux Vendéens, chacun d'eux veut encore paraître devant son ancien général avec un air martial : on se redresse ; on checrhe à s'aligner ; on veut marcher au pas.

Dans les yeux de ces anciens guerriers on retrouve encore cette religieuse intrépidité, qui les faisait affronter la mort, quand ils avaient prié Dieu et crié *vive le Roi!*

Mais c'est surtout à l'instant où chacun d'eux passe devant la statue de son général, qu'on voit sur ses traits un mélange de sentiments que quelques-uns expriment d'une manière touchante, ou énergique :

« Notre général nous montre encore le chemin » avec son doigt! » dit ce vieux soldat, en remarquant qu'un doigt de Charette est dirigé vers le ciel.

« C'est là qu'il nous passera encore en revue! » dit un autre, dans les mains duquel on voit briller un fusil d'honneur.

« Je n'ai plus rien à désirer, puisque le Roi est » à Paris, que le général Charette a une statue à » Legé, et que le drapeau blanc flotte sur notre » clocher. »

« On a bien fait de mettre sa statue devant la » chapelle ; il la défendrait bien encore, si on vou» lait l'abattre. »

Tels sont les discours de ces braves.

Mais que de souvenirs réveillent en leurs âmes les noms des personnes groupées autour de la statue ! Quel est leur attendrissement lorsque, répondant à leurs questions, on a désigné le neveu de Charette, les deux Larochejacquelein ; les dames de Suzannet, de Bonchamp, de Fleuriot !..... Que de noms Vendéens ! quels nobles débris !..... Mais tous ces neveux, ces fils, ces veuves, confondent leurs larmes; tous honorent la mémoire de Charette; tous sont au pied de sa statue; ils se serrent la main; s'embrassent..... Qui donc a réuni tous les cœurs, a fait taire toutes les rivalités, a fait un seul faisceau de toutes les célébrités vendéennes?.... DIEU ET LE ROI.

Même accord règne parmi les chefs des diverses divisions; tous ont ce qu'ils désiraient : Dieu est dans son temple, le Roi est sur son trône; que leur importent quelques vieilles prétentions, quelques anciennes jalousies, qui toutes eurent un noble motif! Ils pouvaient se montrer jaloux du commandement, lorsqu'il donnait en même temps l'occasion de courir plus de dangers et de mieux servir son Roi; aujourd'hui, ils ne voient plus que des frères d'armes qui ont combattu sous la même bannière.

C'est après avoir incliné devant Charette ce drapeau blanc qu'ils surent faire flotter dans la Vendée, lorsqu'il était exilé du reste de la France, que les divisions viennent se ranger en bon ordre, dans cette prairie dont le coup-d'œil offrait alors un tableau digne des plus brillants pinceaux. Chaque division avait sa table désignée par un drapeau blanc, autour de laquelle elle venait se placer, conduite par ses chefs, au son d'un tambour ou d'un fifre. Ces instruments sont loin d'avoir l'éclat de ceux qu'on entend à la tête de nos régiments de troupes réglées; mais ils furent enlevés aux soldats de la république, dans ces jours où les Vendéens se couvrirent de gloire; ils s'en servirent eux-mêmes ensuite pour battre la charge et courir à la victoire : il est probable que le son enroué de ces vieux tambours leur rappelle des souvenirs qui font palpiter leur cœur.

Toutes ces divisions, formant une réunion de plus de 3000 Vendéens, ont pris place à des tables abondamment servies : les fusils sont formés en faisceaux, ou restent placés entre les jambes du vieux soldat qui prit, dans l'ancienne guerre de la Vendée, l'habitude de ne pas quitter son arme, même pendant ses repas.

Au centre de la prairie s'élève un vaste pavillon d'une forme circulaire : les ornements, choisis avec goût, disposés avec art, forment des arcades de verdure, garnies d'attributs militaires, de trophées d'armes, de drapeaux.

C'est sous ce pavillon qu'est placée une table en fer à cheval, où plus de cent trente personnes trouvent un repas dont les commissaires de la fête font les honneurs avec une politesse exquise et toute française ; une autre table, de cent couverts, était spécialement destinée aux dames.

Quel brillant coup-d'œil offrait alors cette prairie de la Vendée !... Quel eût été l'étonnement de l'étranger qui fût arrivé dans ce lieu sans connaître le motif de cette réunion ! Pourquoi ces uniformes éclatant de broderies d'or et d'argent qui indiquent les plus hauts grades, ces cordons et ces décorations annonçant des services éclatants, des récompenses flatteuses ? « Sans doute, eût-il dit, le Roi tient » aujourd'hui sa cour dans cette prairie de la Ven-

» dée, car j'y vois des Pairs de France, des Députés, » des Lieutenants-Généraux, des Prélats, des Préfets, des Magistrats, des personnages revêtus de tout » l'éclat des souvenirs historiques et de celui des » titres de la noblesse; des dames qui relèvent encore l'éclat de cette royale réunion par le charme » de leurs grâces, et par l'élégance de leur parure. » Non, lui eût-on répondu, cette brillante réunion » n'est pas motivée par la présence de l'auguste » monarque; ce n'est pas pour former le cortége du » Roi que vous voyez ici réunis ceux qui font ordinairement l'ornement de sa cour; mais c'est pour » honorer la mémoire d'un gentilhomme du Poitou, » qui lui fut fidèle jusqu'à la mort; c'est pour célébrer la gloire d'un *Vendéen* qui sut rendre ce » nom immortel en combattant avec des paysans » dont il a fait des héros; c'est enfin pour ériger une » statue à celui auquel, en des temps de crime et » de malheur, on refusa même un tombeau, que » toutes les illustrations de la cour et de la France » se sont donné rendez-vous dans la prairie de » Legé!

» Les dames que vous voyez figurer à cette table » ont voulu prendre part à la fête, et, par conséquent, l'embellir, parce qu'elles savent apprécier » le courage et honorer la fidélité. A ce banquet figurent les mères, les femmes et les filles des chefs » vendéens. »

« Là, vous voyez M.me de Charette; ici, M.mes de » Bonchamps, de Suzannet, de Monsorbier, de Gou-

» laine, de Rezé ; M.me Garnier, dont le royalisme, » manifesté par des dangers et par des services, a été » récompensé par le portrait du Roi, que S. M. » lui a envoyé, lors de son Sacre ; la dame Lecou- » vreur, dont le mari montra un courage et une » fidélité à toute épreuve, au milieu des plus terribles » catastrophes de la Vendée. Auprès de ces dames, » on remarque M.me la vicomtesse de Villeneuve- » Bargemont qui aime à s'associer à tous leurs sen- » timents comme le magistrat dont elle est la com- » pagné. Enfin, à cette autre table dont M.me la mar- » quise de la Bretèche veut bien faire les honneurs » avec tant de grâces, on voit assises des dames de » toute la contrée, qui veulent prouver leur roya- » lisme en honorant Charette : presque toutes appar- » tiennent à des familles qui partagèrent les dangers » et les principes de ce général Vendéen. »

Mais il est dans tous les repas où les cœurs sont unis par l'amour des Bourbons, un moment où se manifeste le caractère français dans toute sa pureté, c'est celui où la vérité, sortant de toutes les bouches et le vin pétillant dans tous les verres, on boit à la santé de son Roi : quel toast à porter dans la Vendée ! comme il y est bien connu des échos ! que de fois on l'a répété dans ces épaisses forêts où la royauté avait encore son culte, lorsque Dieu même n'en avait plus autre part en France ! C'est en vain que le canon de la république se fait entendre ; c'est en vain qu'on brûle les châteaux et les chaumières ; c'est en vain qu'on dresse des échafauds : AU ROI !

TOUJOURS LE ROI ! s'écrie le Vendéen, tenant son fusil d'une main et son verre de l'autre.

Mais si le courage du soldat royaliste doit être soumis à la contrainte, s'il ne peut porter le toast du Roi, devant ses ennemis vainqueurs il saura trinquer encore à sa santé ; des signes convenus, tiennent lieu de la voix, et leurs cœurs se sont entendus.

Aussi voyez avec quelle joie ces braves Vendéens reconnaissent ces signes qui furent connus et qui leur sont rappelés par le duc de Rivière !.....

Mais on l'a dit, on l'a chanté, on l'a répété en cœur à cette fête : « Maintenant le cri de VIVE LE ROI, » appartient à toute la France ! » Tel est le refrain d'un couplet chanté à la fin du repas, et que l'on a applaudi avec enthousiasme.

C'est M. *le général Despinoy* qui a porté la santé DU ROI !

Celle de MONSEIGNEUR LE DAUPHIN a été portée par M. *le duc de Rivière.*

Celle de S. A. R. MADAME LA DAUPHINE, par M. *le général Sapinaud.*

Celle de S. A. R. MADAME, DUCHESSE DE BERRY, par M. *le vicomte de Curzay.*

Celle de S. A. R. Mgr. le DUC DE BORDEAUX, par M. le *vicomte de Villeneuve.*

Celle de l'ARMÉE, par M. *le comte de Mornac.*

Toutes ces santés sont également chères à la France : à Legé on ne pouvait rester en arrière ; aussi, chacune d'elles a été reçue avec une acclamation qu'on ne peut décrire.

Après les toasts, il est encore une manière toute française d'exprimer ses sentiments : la chanson du dessert vient presque toujours dans les banquets royalistes ranimer l'attention des convives et faire briller la verve de ceux qui savent trouver dans leur cœur des inspirations digne de la lyre française.

Plusieurs airs bien connus exécutés par une musique guerrière ont été mêlés aux couplets chantés et composés par MM. Colleno, vicomte Walsh, Mosneron, marquis de Goulaine, Lucas de la Championnière et Baudry-D'Adson.

Ces couplets où les sentiments les plus français se trouvent exprimés avec grâce ou énergie doivent trouver place à la fin de ce recueil, comme ils l'ont trouvée à la fin du repas.

Pourquoi faut-il qu'une si belle fête n'ait qu'un jour, et que ce jour dure si peu ? mais il durera éternellement dans la mémoire de ceux qui se trouvaient à Legé! Le 4 septembre 1826 est désormais une journée *Vendéenne* : elle passera à la postérité avec toutes les autres dignes de ce nom.

De la joie sans tumulte, de l'abandon sans désordre, de l'obéissance sans contrainte, voilà ce que montrent les soldats vendéens en quittant leurs tables; ils n'ont fait de bruit que pour crier *vive le Roi!* Quelques-uns ont à la vérité tiré des coups de fusil, pour appuyer ce cri; mais on doit les excuser, si, malgré la défense, ils ont cédé à la vieille habitude qu'ils ont jadis contractée, d'assurer ainsi le pavillon blanc et le nom du Roi.

Du reste, pas le moindre accident; rien de fâcheux, rien de repréhensible : dès que la retraite a battu, chaque division reprend, sous le commandement de son chef, au son de son vieux tambour, le chemin de sa paroisse. On est pressé de rentrer sous le toit de chaume qu'on a jadis vu brûler, et que depuis on a rétabli, pour y raconter la journée de Legé.

Que de belles choses à dire!... Tel est le prix des bonnes actions : on reçoit sa récompense, on se prépare de doux souvenirs et de beaux récits.

Aussi, voyez comme chaque Vendéen est joyeux, en reprenant le chemin de son village! Il a vu des Ducs, des Généraux, des Evêques, des Pairs de France, des Députés, des Préfets, de belles dames, de beaux habits brodés; il a vu mieux encore, une chapelle et la statue de Charette.

DIEU ET LE ROI.

Nota. M. le duc de Rivière et une très-grande partie des notables personnages qui se trouvaient le 4 septembre à Legé ont assisté le lendemain à une fête magnifique donnée par M. le Préfet de la Vendée, à l'hôtel de la préfecture de Bourbon-Vendée. Le bal a duré jusqu'au jour; M. le vicomte et M.me la vicomtesse de Curzay en ont fait les honneurs avec une grâce parfaite : là, comme à Legé, tous les cœurs célébraient à l'envi l'auguste famille des Bourbons et l'admirable fidélité de la Vendée.

DIEU ET LE ROI.

PROCÈS-VERBAL

DE LA

FÊTE DE L'INAUGURATION
DE LA STATUE
DU GÉNÉRAL CHARETTE.

LEGÉ, LE 4 SEPTEMBRE 1826.

CHARLES X REGNANT.

APRÈS la revue des troupes Vendéennes, la Messe ayant été célébrée sur l'emplacement de la Chapelle du monument, par Monseigneur l'Évêque de Nantes, et la Bénédiction Épiscopale donnée aux troupes et au peuple par Monseigneur l'Évêque de Luçon;

M. le Lieutenant-Général Duc DE RIVIÈRE, Chevalier des Ordres du Roi, Gouverneur de S. A. R. M.gr le Duc DE BORDEAUX;

M. le Lieutenant-Général Comte DESPINOY, Commandant la 12.e Division militaire, Grand'Croix des Ordres de Saint-Louis et de la Légion-d'Honneur;

M. le Vicomte DE VILLENEUVE-BARGEMONT, Préfet de la Loire-Inférieure;

M. le Vicomte DE CURZAY, Préfet de la Vendée;

M. le Lieutenant-Général Comte DE SAPINAUD (*Nestor* des généraux Vendéens), Grand'Croix de l'Ordre Royal et Militaire de Saint-Louis;

M. le Baron DE CHARETTE, pair de France;

M. le Comte DE MESNARD, Lieutenant-Général, Grand'Croix des Ordres du Roi, Pair de France, premier Écuyer de S. A. R. MADAME Duchesse de Berry;

M. le Comte DE BOURMONT, Lieutenant-Général, Pair de France;

M. BARON, président du Tribunal Civil de Nantes, Officier de la Légion-d'Honneur;

M. BERNÈDE, procureur du Roi près le même tribunal;

M. L.s LEVESQUE, Maire de la ville de Nantes;

M. DE JOUSBERT, Maire de Legé, Chevalier de Saint-Louis;

Plusieurs autres Pairs de France, Députés des départements de la Loire-Inférieure et de la Vendée, Préfets, Sous-Préfets, Maires; presque toutes les autres autorités de Nantes et de Bourbon; et une très-grande quantité de personnes remarquables des villes et communes voisines, et enfin l'état-major de l'armée Vendéenne, qui était commandée par M. le Colonel Comte DE MORNAC, chef d'état-major du 3.e corps, et les chefs de divisions,

S'étant groupés au pied de la statue de l'immortel CHARETTE,

M. le Duc DE RIVIÈRE, auquel M. LE BOUVIER-

DESMORTIERS, *vice-président*, remplaçant M. le duc DE FITZ-JAMES, *président*, absent pour cause d'indisposition, à la tête de toute la commission du monument, a présenté le gland du cordon et a fait tomber le voile qui couvrait les nobles traits du général CHARETTE, qui vécut en héros et mourut en chrétien.

Les acclamations se sont fait entendre de toutes parts.

Une salve de neuf coups de canon a été tirée.

M. le vice-président de la commission, et, après lui, les personnes qui avaient le droit, par leurs fonctions, de prendre la parole, après que le calme a été rétabli, ont prononcé des discours.

M. le Duc DE RIVIÈRE y a répondu.

De tout quoi il a été, sur le champ, dressé le présent procès-verbal, qui a été signé des personnages ci-dessus désignés, et d'une foule d'autres personnes, après lecture.

Ainsi signé au procès-verbal :

Le Duc DE RIVIÈRE ; † RENÉ FR., *Évêque de Luçon ;* † JOS., *Évêque de Nantes ;* Comte DESPINOY ; BODINIER, *vicaire-général* ; Comte DE BOURMONT ; DE SAPINAUD, *lieutenant-général* ; Comte DE LA ROCHEJACQUELEIN, *major-général* ; DE SAINT-HUBERT, *maréchal-de-camp* ; Marquis DE LA ROCHEJACQUELEIN, *Pair de France* ; Le vicomte DE VILLENEUVE ; Louis DE SUZANNET ; LE BOUVIER-DESMORTIERS ; Baron DE CHARETTE ; DE VANDOEUVRE, *Préfet d'Ille-et-Vilaine* ;

MARTIN DE PUISEUX ; Vicomte DE CURZAY, *Préfet de la Vendée* ; Marquis DE ROUSSY, *Préfet des Deux-Sèvres* ; Le comte DE BRUC, *ancien général de l'armée royale* ; Le comte DE MORNAC, *chef d'état-major du 3.e corps* ; Marquis DE GOULAINE, *chef de la division de Legé, Gentilhomme de la Chambre du Roi* ; LE MAIGNAN, *chef de division* ; Le chevalier MORISSON DE LA BASTIÈRE, *chef de la division de Palluau* ; CAILLAUD, *chef de la division de Luçon, colonel, chevalier de Saint-Louis* ; Chevalier DE LEZARDIÈRE, *chef de la division de Saint-Vincent* ; Le baron DESSEAUMES ; Le comte DE MESNARD ; FAULCHIER, *aide-de-camp* ; *Le Sous-Préfet de Fontenay*, BESNARD ; *le secrétaire-général faisant* fonctions de Sous-Préfet de *l'arrondissement de Nantes*, BOESNIER ; Louis DE CORNULIER, *chef de division, chevalier de Saint-Louis* ; *Le colonel* J. DE BASCHER ; Henri DE PUISEUX, *officier d'état-major* ; DUBOIS DE LA PATELLIÈRE, *chevalier de Saint-Louis, ancien chef de division* ; FORTIN, *chef de la division des Marais, chevalier de Saint-Louis* ; Le chevalier DE MAYNARD, *chef de la division de Bouin* ; GAUTTÉ DES ABBAYES, *chef de la division des Sables* ; H. ALLARD, *chevalier de Saint-Louis* ; DE JOUSBERT, *maire* ; DE LA FONTENELLE, *conseiller à la Cour royale de Poitiers, chevalier de la Légion-d'Honneur* ; JUDUMIS, *ancien chef de division, chevalier de la Légion-d'Honneur* ; Le comte DE MARTEL, *chevalier de Saint-Louis* ; GOUIN, *premier adjoint de M. le Maire de Legé* ; MONNIER, *lieutenant-colonel, chevalier de Saint-Louis*; DELAHAYE, *chevalier de Saint-Louis*; *le Maire de la Haye*, Ch. HALLOUIN ; Le vicomte SIOCHAN DE KERSABIEC, *général commandant la cavalerie*; Le comte DE CHABOT, *chef de division*; *L'ancien major-général de l'armée Charette*, DE LA ROBRIE ; GOBIN, *capitaine commandant* ; L. VASCHER ; COQUEBERT, *payeur*; BARON; CLEMENCEAU, *juge-auditeur*; DE L'AUBEPIN, *Sous-Intendant militaire*; J.-J. PION, *greffier du Tribunal civil* ; MAGNIER DE MAISONNEUVE, *directeur des Douanes* ; Le vicomte DE CHABOT, *chef de division* ; Le baron DE LA HAYE, *ancien colonel Vendéen*; Le marquis DE LA BRETÈCHE, *membre de la commission*; vicomte WALSH, *secrétaire de la commission*; Comte DE SESMAISONS, *membre de la commission*; Marquis DE REGNON, *membre de la commission* ; Le comte Gabriel DE SESMAISONS, *gentilhomme de la chambre du Roi*; *Le commissaire-général de la marine à Nantes*, FOURCROY; *Le procureur du Roi*, H. BERNÈDE; Le chevalier James TOBIN ; Jh. DOUCET, *adjoint du maire de Nantes* ; DE NOURY ; DE LA VINCENDIÈRE, *chevalier de Saint-Louis, chef de division* ; BLIN, *Docteur-Médecin et conseiller de préfecture, chevalier de la Légion-d'Honneur*; Ch. DE CORNULIER, *chevalier de Saint-Louis* ; LAW DE LAURISTON, *receveur-général de la Loire-Inférieure, chevalier de Saint-Louis*; Le baron DE CACHARD, *colonel directeur d'artillerie* ; BERNARD DES ESSARDS, *premier adjoint du maire de Nantes*; L'abbé BILLY, *chanoine*, BRETHÉ DE LA GUI-

GNARDIÈRE, *capitaine* ; L.s LEVESQUE aîné ; Le chevalier DE BARBARIN ; Charles LAW DE LAURISTON ; Ch.es marquis DE CATUELAN, *colonel* ; J. CHOLTIÈRE, *chevalier de Saint-Louis* ; HARDOUIN, *chevalier de Saint-Louis* ; TARDY, *ancien officier vendéen, conseiller de préfecture de la Vendée* ; A. MOSNERON, *directeur des contributions indirectes du département de la Loire-Inférieure* ; L. MAUBLANC, *Contrôleur en chef de l'octroi de Nantes* ; *le Chef d'escadron commandant de la gendarmerie royale*, PELECIER ; ROGER DE LA MOUCHETIÈRE ; DE MONTIGNY, *maire* ; DE LA ROCHEFOUCAULD DU PUY ROUSSEAU, *chevalier de Saint-Louis* ; ROUSTEAU, *adjoint* ; Le colonel chevalier DE KEREMAR ; HERVÉ DE LA BAUCHE, *chevalier de Saint-Louis* ; F. GAIGNARD, *chevalier de la Légion-d'Honneur* ; A. F. MENU DU MARCHAIS, *maire et officier vendéen* ; Le chevalier DE LYROT DE LA JARRY, *fils du général de la Vendée Lyrot de la Patouillère* ; LELASSEUX, *officier vendéen* ; LAFOURCADE, *commissaire de police à Nantes* ; LA ROCHE, *lieutenant, commandant la gendarmerie royale de l'arrondissement de Nantes* ; DE COUETUS, *page du Roi* ; GARREAU, *juge-de-paix du canton de Legé* ; BERTAUD, *curé de Legé* ; MOUCHET, *vicaire gérant de la Magdelaine, ancien vicaire de Legé* ; COURTAIS, *prêtre desservant de Maisdon* ; BRAUD, *vicaire* ; GABORIAU, *sous-principal du collége d'Ancenis* ; AUVINET aîné, *sous-préfet des Sables* ; A. AUVINET, *président du Tribunal civil de Bourbon-Vendée, ancien major de la division de Legé* ; M. Z. AUVYNET, *juge au Tribunal de Bourbon-Vendée, et ancien lieutenant de chasseurs de la division de Legé*; DEMONTY, comte DE REZÉ, *chevalier de Saint-Louis*; VRIGNAUD, *ancien commandant de Paroisse*; L'abbé REMAUD, *chevalier de Saint-Louis, commissaire général de l'armée royale de la Vendée*; RÉVEILLÉ DE BEAUREGARD, *substitut du procureur du Roi, chevalier de la Légion-d'Honneur, membre de la commission*; GUILLON, *ancien capitaine*; Dominique MOLCHNEHT, *statuaire*.

CHANSONS VENDÉENNES.

Air de la Chanson de Charette.

V'LA Charett' sur la terre,
De retour parmi nous ;
Tout comme au temps d'la guerre
J'le reconnaissons tous.
Témoins de la vaillance
De cet homme de cœur,
Avec toute la France
Nous chantons sa valeur.

V'là ben Monsieur d'Rivière,
C'digne officier du Roi,
Qui venit d'Anguelterre
Remplir nos cœurs de joie :
Apportant à Charette,
Dans son camp de Nesmi (1),
C'te ceinture si ben faite,
Pr'in si bel homme que lui.

« C'est d'la part du Monarque,
» Dit-il, en lui donnant

(1) Ce fut dans la prairie de Nesmy que M. de Rivière remit à Charette le cordon rouge que lui envoyait le Roi ; Charette fit la réponse relatée ci-dessus.

» Une éclatante marque
» De son contentement.
» Avec reconnaissance,
» Dit Charette à l'instant,
» Je r'çois la récompense
» Qu'on donne aux plus vaillants.

» Mais devant mon armée,
» Noble envoyé du Roi,
» Ma parole est donnée
» De ne porter de croix,
» Qu'après que la Vendée,
» Qui combat comme moi,
» Sera récompensée
» Par les bontés du Roi. »

V'là donc, soldats d'Charette,
Quiau beau jour arrivé;
C'est ce que tout l'monde répète
Dans le bourg de Legé;
On viendra rendre hommage,
En dépit des jaloux,
A quiau grand personnage
De notre Bas-Poitou.

Rendons-en grâce au Prince,
A not' duc de Bordeaux,
Aux chefs de la province,
Préfets et généraux;
A vous, duc de Rivière,
Qui venites autrefois
Soulager nos misères
En nous parlant du Roi.

Si j'choisim' not' Charette
A la voix du pays,

C'fut çà d'louvrage ben faite,
Comm' cellà d'aujourd'hui,
Puisqu'à la voix d'la France,
Le Roi vous a choisi
Pour gouverner l'enfance
De notre jeune Henri.

Dit' ben à quiau p'tit Prince
Comben j'le chérissons,
Et que dans c'te province
Il y a de bons lurons,
Qui désirent sa présence
En ces fidèles cantons,
Et qui, pour sa défense,
Garderont leurs canons.

Semper honor, nomenque tuum, laudesque manebunt.

AIR : *Ah! que l'amour est agréable!*

A ce monument que décore
Le souvenir d'un grand Héros,
Venez, nobles fils des hameaux,
Comme autrefois chanter encore
Ce refrain de la vieille foi :
Vive le Roi ! vive le Roi !

Fier d'une si belle devise,
Charette affronta les hasards
Avec mille nouveaux Bayards

Qu'enflamme, transporte, électrise
Ce refrain de la vieille foi :
Vive le Roi ! vive le Roi !

Illustrant la noble carrière
De ce valeureux chevalier,
La Victoire avec un laurier
Traça sur sa blanche bannière
Ce refrain de la vieille foi :
Vive le Roi ! vive le Roi !

Ainsi qu'aux champs de la Neustrie
L'héroïne de Vaucouleurs,
Il expire en disant : « Je meurs
Pour mon Dieu, mon Roi, ma patrie. »
Comme lui, Français, nous mourrons
Pour les Bourbons ! pour les Bourbons !

Console-toi, fils de la gloire,
Inscris aux fastes de l'honneur,
Tes exploits, ton nom, ta valeur,
Vivront au temple de mémoire
Avec ce refrain de la foi :
Vive le Roi ! vive le Roi !

Que cette colonne imposante
Apprenne à tous les voyageurs
Que la France à ses défenseurs
Sera toujours reconnaissante.
Gravons-y ces mots glorieux :
Honneur aux preux ! honneur aux preux !

Amis, qu'autour de ce trophée
Rassemble un souvenir d'amour,

Répétons en cet heureux jour,
Avec l'écho de la Vendée
Ce refrain de la vieille foi :
Vive le Roi ! vive le Roi !

A M. le duc de Rivière.

Recevez nos justes hommages,
Illustre Mentor de Henri ;
Apprenez au fils de Berri
Qu'en voyageant dans nos bocages,
Vous avez lu sur nos ormeaux :
Vive Bordeaux ! vive Bordeaux !

AIR : *Le fier Roland, le roi des preux.*

Pourquoi ces apprêts belliqueux,
Sont-ils d'un présage funeste ?
Vendéens, d'un sang généreux,
Vient-on vous demander le reste ?
Quels sont les lauriers immortels
Que votre ardeur ambitionne ?
Quand la foi soutient nos autels,
Quand nos Rois ont saisi leur trône. (*Bis.*)

Dans ce jour, des dangers nouveaux
Ne s'offrent point à votre zèle.
Près de l'image d'un Héros
Un pieux devoir vous appelle.
Ce dépôt, cher à votre cœur,
Peut-on craindre qu'on le hasarde ?
C'est le modèle de l'honneur
Qu'à l'honneur on commet en garde. (*Bis.*)

Ton héroïque dévoûment
D'un beau nom enrichit l'histoire.
Guerrier, tu parais un instant,
Cet instant suffit à ta gloire.
Dans ton court trajet ici-bas,
Fort du Dieu puissant qui t'inspire,
Tes jours ne sont que des combats,
Ta mort est un noble martyre. (*Bis.*)

Salut à vous qui sans émoi,
Quittant les foyers de vos pères,
Quand votre chef eut dit : A moi!
Vous rangeâtes sous ses bannières.
Le prix qu'on garde à la valeur,
Échappait à votre espérance;
Vous vouliez tous au champ d'honneur
Tomber avec la vieille France. (*Bis.*)

Honneur à vous qu'un beau trépas
Fit succomber dans la carrière;
Braves, dont chacun de nos pas
Foule ici la noble poussière.
Honneur à ces fidèles preux,
Dont le destin ainsi s'achève.
Lorsque l'on est tombé comme eux,
C'est dans les Cieux qu'on se relève. (*Bis.*)

Terre, qui du sang de tes fils,
Fut empreinte, fut fécondée,
Tu vois enfin tes vœux remplis,
Réjouis-toi, belle Vendée.
D'un cri d'amour, au temps d'effroi,
Tu fus seule dépositaire;
Mais de nos jours, *vive le Roi!*
Appartient à la France entière. (*Bis.*)

A M. le duc de Riviere.

Vrai chevalier, cher à nos Rois,
Nul péril n'ébranla ton âme.
On ne t'appelle pas deux fois
Au poste où l'honneur te réclame.
Pour accomplir ses grands desseins,
Pour garant de notre espérance,
La Providence entre tes mains
Remit l'avenir de la France. (*Bis.*)

AIR *du premier pas.*

Vive le Roi,
Toujours dans la Vendée
Fut chant d'amour, de constance et de foi.
De ce héros qui conduisait l'armée ?
Qui des Bourbons marqua la destinée ?
Vive le Roi. (*Bis.*)

Vive le Roi,
Sur la terre étrangère,
Des cœurs français a su bannir l'effroi.
O noble Duc ! auprès de notre Père,
Quel fut ton cri, ton signal, ta prière ?
Vive le Roi. (*Bis.*)

Vive le Roi
Ne compte point d'année :
L'homme l'apprit pour sa première loi ;
Et pour jamais l'écho de la Vendée
Repétera Charette et sa pensée :
Vive le Roi. (*Bis.*)

Vive le Roi
A conjuré l'orage.
Sur l'olivier on lit : « Vive le Roi. »
Et nos enfants rediront d'âge en âge :
« Paix et bonheur ont choisi pour adage
» Vive le Roi. » (*Bis*

www.ingramcontent.com/pod-product-compliance
Ingram Content Group UK Ltd.
Pitfield, Milton Keynes, MK11 3LW, UK
UKHW021620260726
13965UKWH00007B/1383